LE DROIT DIVIN

LE

DROIT DIVIN

LILLE

B. BERGÈS, Libraire-Éditeur

Rue Basse, 59.

—

1871

LE DROIT DIVIN.

Dans un ouvrage publié en 1767, et intitulé : *Variétés d'un philosophe provincial, par M. Ch. Lejeune*, on lit les réflexions suivantes :

« Toutes les idées sont si renversées aujourd'hui, on est
« si loin des notions les plus claires, les vérités qu'on a
« toujours regardées comme le rudiment des mœurs et la
« source de l'honnêteté publique, ont tellement dégénéré
« en problèmes et en paradoxes ; on a tellement oublié
« les maximes fondamentales du patriotisme même et de
« la saine philosophie, qu'avant trente ans, supposé que
« cela continue, on n'entendra raison sur rien. Le brouil-
« lard gagne et s'étend sur toute l'Europe, au point qu'on
« n'y verra plus en plein midi.

« Je conseillerais à tous ceux qui espèrent vivre, et à
« qui le délire épidémique n'a pas encore fait tourner la
« tète, de recueillir bien précisément les lumières de leur
« bon sens, et d'écrire comme quelque chose de fort rare,
« ce que du premier coup-d'œil leur esprit décidera juste
« et convenable. Surtout qu'ils prennent garde de se rebu-

« ter par la raison que cela leur paraîtra trop évident. En
« 1797 ou 98 *au plus tard*, il sera temps de faire impri-
« mer le recueil : alors on trouvera neuf ce qu'il y a de
« plus simple ; et je craindrais même, vu les progrès de la
« déraison, que ce livre ne parût encore trop extraordi-
« naire. Cependant je pense que peu à peu on s'y accou-
« tumera. Ainsi un malheureux tout-à-coup sorti de son
« cachot où il languissait depuis bien des années, souffre
« de la première vue du soleil ; mais il ne tarde pas à
« s'y faire [1]. »

Nous sommes arrivés non à l'an 1797 mais à l'an 1871.
Et cependant si le philosophe provincial vivait encore,
peut-être trouverait-il que le moment de donner son
recueil n'est point encore venu. Depuis J.-J. Rousseau et
Voltaire, la raison n'a cessé de déraisonner, et par ce
déraisonnement continu, elle est allée tellement loin des
notions les plus claires et des plus *rudimentaires vérités*
auxquelles notre philosophe souhaitait de la ramener, qu'il
jugerait son entreprise aussi prématurée aujourd'hui qu'au
jour où il en concevait la pensée.

Aussi ne me constitué-je point l'exécuteur testamentaire
du programme qu'il s'était tracé.

Je veux seulement, dans ces quelques pages, essayer
de rendre à son sens un vieux mot que l'état politique
dans lequel nous nous trouvons aujourd'hui vient de
remettre au jour. Mot qui, j'ose le dire, n'est plus compris : ni de celui qui en fait un épouvantail, ni de celui
qui en fait un ridicule, ni de celui qui voudrait le cacher
au fond des plis du drapeau qu'il défend, comme un caractère trop compromettant.

Ce mot est : *Droit divin.*

---

[1] Pag. 237. Cité par M. de Bonald, *Législation primitive*, page 60.

Droit divin.

Et d'abord, qu'est-ce que le droit ?

Car il ne faut pas remonter moins haut qu'à la notion même du droit, si l'on veut échapper à tous les *paradoxes* et à tous les *problèmes* que ne cessent d'agiter et de construire les continuateurs de Jean-Jacques et de Voltaire.

Le droit est l'expression de la justice et par conséquent la règle des actions de l'honnête homme [1].

S'il fallait lui donner une forme sensible, on pourrait le représenter le regard lisant en Dieu, et la main traçant dans les espaces de la vie le sentier de la vertu.

La justice, en effet, est, si je puis ainsi parler, l'une des formes de Dieu, l'un des aspects sous lesquels il apparaît à sa créature intelligente

---

[1] Les Latins faisaient dériver son nom de la justice même et l'appelaient *Jus* (jus quod justum est). Et nous Français nous décorons l'homme qui porte dans son cœur la règle du juste et de l'injuste et en fait le principe de ses mœurs, du titre d'*Homme droit*.

Lorsque Dieu conçut le monde dans son esprit et voulut le produire, l'immense multitude des êtres qui le composent lui apparut non point dans la confusion et le chaos, mais chacun en son rang — à son lieu et à son heure — lié à tous les autres par mille rapports qui, rattachant tout le reste à lui et lui au tout, faisaient de l'ensemble un véritable *univers*, une immense unité formée de diversités sans nombre.

Or, maintenant que tous ces êtres existent, non plus seulement dans la sagesse de Dieu, mais en eux-mêmes, ils doivent réaliser la pensée divine toute entière, ils doivent reproduire le prototype divin, non-seulement dans leur individualité mais aussi dans leurs rapports avec le tout.

C'est ce que font *nécessairement* les êtres matériels. Ces lois qui régissent soit les corps, soit leurs éléments et que découvrent chaque jour à notre admiration les sciences physique, chimique, astronomique, ne sont que la pensée divine exprimée et rendue dans la réalité des choses.

Les êtres intelligents ont aussi des lois qui marquent les rapports que la pensée divine leur a assignés avec le reste de la création et avec leur Créateur; mais ces lois ne s'imposent point à l'être intelligent comme une nécessité, elles se proposent à lui comme une règle qu'il est libre de suivre ou d'abandonner.

Et c'est l'ensemble de ces lois qui constitue le *Droit.*

Disons aussitôt qu'il n'y a point de droit contre le droit. C'est-à-dire que toute loi ou prétendue loi qui serait en opposition avec les rapports essentiels des êtres, tels que Dieu les a conçus dans sa pensée éternelle, ne serait point une loi, n'obligerait pas et ne pourrait même pas être observée.

Disons encore qu'en donnant à l'être intelligent la liberté de ses actes, Dieu n'a point abandonné son plan aux hasards et aux caprices de cette liberté. Quels que soient les écarts qu'elle puisse se permettre, en définitive, le droit, tel qu'il résulte de la sagesse infinie et de la volonté sainte du Très-Haut sera toujours et partout vainqueur.

« Ce qu'il y a de plus admirable dans l'ordre universel « des choses, dit J. de Maistre, c'est l'action des êtres « libres sous la main divine. Librement esclaves, ils opè-« rent tout à la fois volontairement et nécessairement ; « ils font réellement ce qu'ils veulent, mais sans pouvoir « déranger les plans généraux. Chacun de ces êtres occupe « le centre d'une sphère d'activité, dont le diamètre varie « au gré de l'*Eternel géomètre*, qui sait étendre, res-« treindre, arrêter ou diriger la volonté, sans altérer sa « nature.

« Dans les ouvrages de l'homme tout est pauvre comme « l'auteur : les vues sont restreintes, les ressorts inflexibles, « les mouvements pénibles et les résultats monotones. « Dans les ouvrages divins, les richesses de l'infini se « montrent à découvert jusque dans le moindre élément ; « sa puissance opère en se jouant ; dans ses mains tout « est souple, rien ne lui résiste ; pour elle tout est moyen, « même l'obstacle ; et les irrégularités produites par l'opé-« ration des agents libres, viennent se ranger dans l'ordre « général.

« Si l'on imagine une montre dont tous les ressorts « varieraient continuellement de force, de poids, de dimen-« sion de forme et de position, et qui montrerait cependant « l'heure invariablement, on se formera quelque idée de « l'action des êtres libres relativement aux plans du « Créateur [1]. »

Le protestantisme et la Révolution vont achever, sous peu, le commentaire qu'ils veulent donner à cette magnifique page, en procurant, le premier, la réforme dans l'Eglise, la seconde, la régénération de la société : Eglise et société que leurs agents s'étaient proposé de détruire.

« La liberté imparfaite donnée à la créature, dit Donoso

[1] J. de Maistre, *Considérations sur la France*, 1.

« Cortès, étant la faculté suprême de choisir entre l'obéis-
« sance et la révolte envers Dieu, lui octroyer la liberté,
« c'est lui conférer le droit d'altérer la beauté immaculée
« des créatures de Dieu; et puisque l'ordre et l'harmonie
« de l'univers consistent dans cette beauté, lui octroyer
« la faculté de les altérer, c'est lui confier le droit de
« substituer le désordre à l'ordre, la perturbation à l'har-
« monie, le mal au bien.

« Ce droit est si exorbitant et cette faculté si mons-
« trueuse, que Dieu lui-même n'aurait pu les octroyer, s'il
« n'eût été sûr de les convertir en instrument de ses fins,
« et d'arrêter leurs ravages par sa puissance infinie.

« La faculté concédée à la créature de changer l'ordre
« en désordre, l'harmonie en perturbation, le bien en mal,
« a sa raison d'exister dans le pouvoir que Dieu a de
« convertir le désordre en ordre, la perturbation en har-
« monie, et le mal en bien [1]. »

---

[1] Essai sur le catholicisme, le libéralisme et le socialisme, chap. VII.

Droit divin

Tout droit vient de Dieu, tout droit a sa raison première en Dieu, qui a voulu non-seulement que les êtres fussent, mais fussent de telle ou telle manière et en tels ou tels rapports les uns avec les autres. Les lois, dont l'ensemble constitue le *Droit*, ne sont, avons-nous dit, et ne peuvent être que l'expression de la pensée divine : pensée qui a présidé à la création du monde et préside aujourd'hui à son gouvernement.

Les hommes qui nous parlent de morale indépendante sont, ou des insensés qui ne savent ce qu'ils disent, ou des méchants qui, voulant détruire toute morale et n'osant le faire ouvertement, travaillent hypocritement à en ruiner la base.

Si tout droit vient de Dieu et a sa raison d'être en lui, tout droit peut et doit-il être appelé droit divin?

Non, si on s'en tient à la signification propre du mot.

On appelle droit divin celui qui a reçu sa promulgation de Dieu.

Droit humain celui que l'homme a promulgué.

Je m'explique.

Dieu a donné à l'homme la raison qui, étant une participation de l'Intelligence divine et un reflet de la Sagesse
infinie, lui montre, dans le cercle de lumière où il lui est
donné de se mouvoir, les êtres dans les mêmes rapports
dans lesquels Dieu les a créés et les voit.

De là, dans chaque individu, la conscience qui édicte les
lois manifestées par la raison et en rappelle l'obligation
à toutes les heures de la vie.

De là, dans la société, le pouvoir qui promulgue ces mêmes
lois pour toute la communauté et veille à leur exécution.

Mais la raison a ses bornes, la conscience ses obscurités,
le pouvoir ses incertitudes et ses défaillances ; toutes choses
qui sont l'apanage nécessaire de l'homme, puisque l'homme
n'est qu'une créature et que Dieu en le créant n'a pu lui
donner l'infini, et toutes choses que le péché a considéra-
blement aggravées.

Aussi Dieu ne s'en est-il pas exclusivement remis à la
raison humaine et à ses deux ministres — la conscience et
le pouvoir, — pour la promulgation de ses lois, mais il a
voulu en promulguer quelques-unes par lui-même. Par
là il a tiré de leurs profondeurs celles que la raison
humaine n'aurait pu découvrir, il a donné une clarté parfaite à celles qu'elle n'aurait pu formuler avec précision,
il a donné une indéclinable autorité à celles qui devaient
être le fondement de toute législation humaine.

Tout le droit divin, ou toutes les lois divinement pro-
mulguées ont été condensées par Dieu lui-même dans le
Décalogue, et le Décalogue résumé à son tour par Jésus-
Christ le Fils de Dieu fait homme, dans la loi de l'amour :
« Vous aimerez le Seigneur votre Dieu de tout votre cœur,
« de toute votre âme, de tout votre esprit, de toutes vos
« forces, et votre prochain comme vous-même. A ces deux
« commandements, ajoute Jésus-Christ, se rattachent toute
« la loi et les prophètes [1]. »

[1] Saint Mathieu, cap. XIII, 37-40.

Droit divin dans la Société.

L'homme, tel que Dieu l'a conçu dans sa sagesse et tel qu'il l'a créé par sa toute-puissance n'est point unité, il est multitude. Multitude répandue dans l'immensité du temps et de l'espace mais multitude recueillie en elle-même par les mille liens de la société.

La société humaine est voulue par Dieu, a été établie par lui, en un mot, est chose divine.

La raison le voit.

Tout homme est, même dans son existence, le fruit d'une société : la famille ; il est reçu par elle, élevé par elle et il en fait partie intégrante jusqu'à ce qu'il s'en sépare pour former une société semblable.

La famille est elle-même reçue dans une société plus vaste, qui la protége, qui subvient à ses besoins, mais qui demande aussi son concours pour le bonheur commun.

Enfin les sociétés particulières sont dans la grande famille humaine, ce que les familles élémentaires sont dans la société.

Ainsi en est-il depuis que l'homme existe. Et, vu la constitution physique, intellectuelle et morale de l'homme, la raison ne saurait même concevoir, pour lui, un autre mode d'existence.

Dieu veut la société, il veut, par cela même, ce qui la constitue, c'est-à-dire un pouvoir qui en coordonne les éléments, les rassemble dans l'unité et dirige leur action vers la fin commune ou le bien de tous.

Dieu a constitué par lui-même la société élémentaire, la famille : « Dieu les fit homme et femme. — Il les bénit et leur dit : Croissez et multipliez-vous et remplissez la terre [1].» Et à cette société il a donné ses lois : « Ils seront deux en une seule chair. [2] — Honore ton père et ta mère. [3] »

Il a pareillement constitué par lui-même la grande société des âmes : « Tu es Pierre et sur cette pierre je bâtirai mon Eglise [4]. »

Remarquons, en passant, que d'un côté comme de l'autre Dieu commence la société par le pouvoir. Il crée l'homme, puis il tire de lui la femme qu'il déclare son aide et son ministre, et enfin, de l'un et de l'autre les enfants.

De même pour son Eglise. Il commence par choisir la pierre qu'il veut placer à l'angle, dans le fondement, et sur laquelle devront nécessairement reposer toutes celles qui voudront faire partie de l'édifice.

Il en devait être ainsi.

C'est le soleil qui attire les astres dans son orbite pour former avec eux un système.

C'est le germe, ou plutôt le principe vivant que le germe renferme, qui appelle à lui et s'incorpore les éléments terrestres qui sont à sa convenance et à sa portée.

C'est l'âme qui fait le corps et imprime en lui son image.

1 Gen. ch. I, 27-28.
2 Gen. ch. II, 24.
3 Exode, XX, 12.
4 Matth. XVI, 18.

Le pouvoir est l'âme de la société, il en appelle de loin tous les éléments, les fait graviter autour de lui, les pénètre de son esprit et par eux constitue la société à son image.

Ils étaient aussi inintelligents en métaphysique, qu'ignorants en histoire, ceux qui ont fait sortir le pouvoir de l'intérêt bien entendu et la société d'un pacte.

Le pouvoir est cause, donc il vient de la Toute-puissance; il est ordre, donc il vient de la Toute-sagesse ; il vient aussi de la Toute-bonté, car il est amour, amour qui conserve et éduque les hommes qu'il a produits et ordonnés.

Dieu n'a constitué directement et par lui-même que la famille et l'Eglise. Ces deux sociétés sont donc les seules qui soient, à proprement parler — elles et les lois qui les régissent, — de droit divin.

Les autres sociétés ne le sont pas au même titre.

Dieu veut qu'il y ait dans le sein de la grande famille humaine des sociétés particulières ou nations. La diversité des langues, la configuration de la terre, l'histoire, le prouvent surabondamment. Il a même formé une de ces nations de ses propres mains : il lui a donné son père, son sauveur, sa législation, ses rois; il lui a directement donné ses récompenses ou infligé ses châtiments. Mais ce fut là une exception. Dieu n'intervient dans la formation et la direction des autres peuples que par l'action de sa Providence.

Cependant, il est vrai de dire que du moment où une société existe on y trouve nécessairement cinq choses, qui y sont de droit divin et que le droit divin protége :

Le pouvoir et l'honneur qui lui est dû : honore ton père[1]; — la multitude et la charité qui en est le lien : ne tue point ; — le respect de la famille, — le respect de la propriété — et le respect de la parole : ne commets point l'adultère, ne commets point le vol, ne dépose point contre la vérité [2].

---

[1] Dès la plus haute antiquité les rois ont été appelés les *pères* des peuples, et aujourd'hui encore dans quelques langues modernes ils sont appelés *sire* qui en Anglais veut dire *père*.   (DE BONALD).

[2] Exode, XXII.

Et au-dessus de tout cela, donnant à chacune de ces choses sa consécration, Dieu et son culte : Je suis le Seigneur ton Dieu... Souviens-toi de sanctifier le jour du repos [1].

Ces lois sont les vrais lois constitutives de toute société. Ce sont elles qui ont donné à chacune des sociétés qui ont paru dans le monde, son existence, sa force, sa prospérité, sa durée ; existence d'autant plus durable, prospérité d'autant plus vigoureuse, influence d'autant plus étendue, que ces lois ont été observées avec une plus grande fidélité et une plus grande perfection.

Et ces lois se tiennent. On ne peut attaquer l'une sans ébranler toutes les autres, et faire pencher la société vers une ruine entière. Notre pauvre France en fait depuis deux siècles une triste expérience. Un homme s'est levé, qui, aux applaudissements d'un grand nombre, a osé attaquer Dieu et son culte. Bientôt le pouvoir était assassiné juridiquement, des milliers et des milliers de Français s'égorgeaient dans des luttes fratricides, la prostitution et le vol étaient érigés en doctrine et en institution publique, enfin, on voyait dans le pays de la franchise, le règne de la duplicité et du mensonge.

Dieu avait compris qu'il ne suffisait pas de manifester ces lois à notre raison, et les abandonner à nos ténèbres, à nos incertitudes et à nos défaillances ; il avait voulu leur donner la clarté et la majesté d'une promulgation directe, l'autorité d'un droit divin absolu. Et malgré cela, le Français les a mises en oubli, il les a même rejetées positivement. Qui s'étonnera des malheurs qui l'ont accablé coup sur coup, des malheurs plus grands qui le menacent encore et tiennent le monde dans l'épouvante ? Il ira, et sous peu de jours, à une ruine irréparable, ou il se prosternera devant ces lois divines et les inscrira en tête de sa constitution.

1 Exode, XXII.

Outre ce droit divin absolu, il y a dans toute société ce que j'appellerai un droit divin de second ordre.

C'est ce droit divin secondaire que l'on entend ordinairement lorsque l'on parle de droit divin social, et qu'il est nécessaire d'expliquer.

C'est Dieu qui crée les nations comme les individus, et il les crée chacune pour une fin particulière. Il les appelle, et, comme les étoiles du firmament, elles répondent: *Adsum*. me voici. Alors il assigne à chacune son lieu et son heure, et en ce lieu, et à cette heure, il lui donne un rôle à remplir dans le grand drame qui se déroule sur la scène de ce monde, depuis déjà soixante siècles, et dont le dénouement ne se lira qu'au jour du jugement. Il faudrait citer ici les prophètes et le sublime commentaire qu'en donnent saint Augustin et Bossuet.

Or, Dieu ne peut donner à un peuple une vocation, il ne peut lui donner une fonction à remplir, qu'il ne lui donne, en même temps, une constitution, un tempérament, des aptitudes en rapport avec ce qu'il en attend.

De là la diversité des mœurs et des constitutions politiques.

Ces constitutions et ces mœurs n'ont point été délibérées, ni adoptées, ni écrites, l'histoire et la raison en font foi; elles sont nées, en chaque nation, avec le peuple qui les porte; elles sont son âme et son sang, et il ne pourrait les répudier qu'il ne perdit bientôt la vie.

Plus tard lorsque l'impulsion reçue à l'origine s'est affaiblie, et que la nation ne peut plus marcher dans sa voie, guidée par le seul instinct de sa vocation, il devient nécessaire que cette nation se replie sur elle-même. qu'elle s'observe et qu'elle s'étudie pour formuler ses mœurs en lois et peut-être mettre sa constitution par écrit. Mais que cette opération est dangereuse ! qu'il est à craindre qu'elle ne fasse dévoyer la nation ; ou du moins qu'elle ne la pousse en des tâtonnements et des essais auxquels

la convieront tour à tour les sages et les insensés, les
bons et les méchants; essais qui lui coûteront toujours du
sang et des ruines, jusqu'à ce que l'invincible nature ait
repris son empire et se soit clairement formulée.

J'ai dit que la constitution et les mœurs de chaque
peuple forment pour lui un droit divin de second ordre.
Dieu en effet n'a point parlé aux peuples pour dire ce
qu'ils sont ; mais il les a faits, et son action telle qu'elle
se révèle dans l'histoire, constitue un droit qui procéde de
lui, quoiqu'indirectement, et qu'on peut appeler pour cette
raison : Droit divin indirect, ou de second ordre.

C'est donc, tout à la fois, une folie et un crime que de
vouloir changer, après qu'un peuple a vécu, la constitution
qu'il a reçue à son berceau et qui s'est développée avec lui.
C'est une folie ; car on ne change pas plus la constitution
d'un peuple qu'on ne change la constitution d'un homme;
et tous les essais tentés en ce sens ne feraient que jeter
l'un et l'autre dans un état maladif où toutes les forces
seraient employées à lutter contre la triste expérience à
laquelle on les soumettrait et dont ils ne pourraient sortir
que par un retour à l'ancien état ou par la mort. C'est un
crime; car c'est s'insurger contre la volonté de Dieu mani-
festée par la Providence, contre l'ordre qu'il a établi, contre
le droit que son action a créé.

Et qu'on le remarque bien, la constitution d'un peuple
n'est point une chose abstraite, elle existe réelle et visible
dans des institutions permanentes, et ces institutions elles-
mêmes n'existent que parce qu'elles sont pour ainsi dire
incarnées en des hommes. De sorte que le droit, que crée
la constitution d'un peuple, s'étend à ces hommes et les
couvre de son inviolabilité. Qu'ils soient au haut ou au bas
de l'échelle sociale, qu'ils remplissent des charges à temps
ou à vie, qu'ils tiennent leurs fonctions de la naissance ou
du fait d'une volonté particulière, peu importe, la constitution de l'Etat, en les investissant d'un ministère quelconque, leur crée des droits qu'il n'est permis à personne

de violer, et qui ne peuvent naître, s'exercer et finir que selon les lois de cette constitution.

Est-ce à dire que toute société est condamnée à une immobilité absolue? et que toutes choses doivent toujours s'y trouver dans l'état où elles étaient des siècles auparavant?

Non.

L'individu se développe et une même constitution lui permet avec le progrès de la vie, un usage plus complet, plus étendu et plus parfait de ses membres.

Ainsi de la société. Elle se forme, elle grandit, et peu à peu elle élève à la vie publique ceux de ses membres qui ne vivaient d'abord que pour eux-mêmes, sous sa protection. Mais cette émancipation et cette initiation à la vie publique doivent être faites peu à peu, par la force même, si je puis ainsi dire, du tempérament social; et non point par les violences de l'individu qui, pour arriver ou plus haut, ou plus vite, s'attaque au droit établi et cherche à le détruire à son profit.

Tel est, dans l'ordre social, ce que l'on est convenu d'appeler le droit divin. C'est l'ensemble des institutions et des droits acquis par ces institutions conformément à la constitution nationale. Droits et institutions qui, en dernière analyse, viennent de Dieu qui les a octroyés et consacrés par son premier ministre : le temps.

Ce droit n'est donc point une forme rigide qui s'impose à toutes les nations; il est, au contraire, de sa nature de se conformer chez les divers peuples au génie et au tempérament de ces peuples, tempérament et génie qui dérivent de leur vocation.

Nous avons fait l'exposé des principes, reste à voir leur application à la France.

IV.

Droit divin en France.

« Parmi les peuples qui ont joué un rôle dans l'histoire
moderne, aucun peut-être n'est plus digne d'arrêter l'œil
du philosophe que le peuple français. Aucun n'a reçu une
destination plus marquée et des qualités évidemment faites
pour la remplir [1]. »

Dieu a créé la France pour l'Eglise. Cette parole que
tant de grands esprits ont répétée et que faisait entendre
naguère Mgr Pie, dans son oraison funèbre du noble
Lamoricière, est écrite en traits lumineux dans l'histoire.

« Le christianisme pénétra de bonne heure les Français,
avec une facilité qui ne pouvait être que le résultat d'une
affinité particulière. L'Eglise gallicane n'eut presque pas
d'enfance ; pour ainsi dire, en naissant, elle se trouva la
première des Eglises nationales et le plus ferme appui de
l'unité.

1 J. de Maistre, *Mélanges inédits*, pag. 4.

« Les Français eurent l'honneur unique, et dont ils n'ont pas été à beaucoup près assez orgueilleux, celui d'avoir constitué (humainement) l'Eglise catholique dans le monde, en élevant son auguste Chef au rang indispensablement dû à ses fonctions divines, et sans lequel il n'eut été qu'un patriarche de Constantinople, déplorable jouet des sultans chrétiens et des autocrates musulmans. »

« Charlemagne, le *trimégiste* moderne, éleva ou fit reconnaître ce trône, fait pour ennoblir et consolider tous les autres. Comme il n'y a pas eu de plus grande institution dans l'univers, il n'y en a pas, sans le moindre doute, où la main de la Providence se soit montrée d'une manière plus sensible; mais il est beau d'avoir été choisi par elle, pour être l'instrument éclairé de cette merveille unique. »

« Lorsque, dans le Moyen-Age, nous allâmes en Asie, l'épée à la main, pour essayer de briser sur son propre terrain ce redoutable croissant, qui menaçait toutes les libertés de l'Europe, les Français furent encore à la tête de cette immortelle entreprise. Un simple particulier qui n'a légué à la postérité que son nom de baptême, orné du modeste surnom d'*ermite,* aidé seulement de sa foi et de son invincible volonté, souleva l'Europe, épouvanta l'Asie, brisa la féodalité, ennoblit les serfs, transporta le flambeau des sciences et changea l'Europe. »

« Bernard le suivit ; Bernard le prodige de son siècle et Français comme Pierre.... »

« On ne cesse de nous répéter qu'aucune de ces fameuses entreprises ne réussit. Sans doute *aucune croisade ne réussit,* les enfants mêmes le savent; mais *toutes ont réussi,* et c'est ce que les hommes même ne veulent pas voir. »

« Le nom Français fit une telle impression en Orient, qu'il y est demeuré comme synonyme de celui d'*Européen;* et le plus grand poète de l'Italie, écrivant dans le XVIe siècle, ne refuse point d'employer la même expression. »

« Le sceptre français brilla à Jérusalem et à Constanti-

2

nople. Que ne pouvait-on pas en attendre ? il eut agrandi
l'Europe, repoussé l'islamisme et suffoqué le schisme ;
malheureusement il ne sut pas se maintenir »

.....magnis tamen excidit ausis.

« Une grande partie de la gloire littéraire des Français,
surtout dans le grand siècle, appartient au clergé... »

« Aucune nation n'a possédé un plus grand nombre d'établissements ecclésiastiques que la nation française, et nulle
souveraineté n'employa, plus avantageusement pour elle,
un plus grand nombre de prêtres que la cour de France.
Ministres, ambassadeurs, négociateurs, instituteurs, etc.,
on les trouve partout. De Suger à Fleury, la France n'a
qu'à se louer d'eux. »

« La plus haute noblesse de France s'honorait de remplir
les grandes dignités de l'Eglise. Qu'y avait-il en Europe
au-dessus de cette Eglise gallicane, qui possédait tout ce
qui plaît à Dieu et tout ce qui captive les hommes, la vertu,
la science, la noblesse et l'opulence ? »

« Veut-on dessiner la grandeur idéale ? Qu'on essaie
d'imaginer quelque chose qui surpasse Fénelon, on n'y
réussira pas. »

« Charlemagne, dans son testament, légua à ses fils la
tutelle de l'Eglise romaine. Ce legs, répudié par les empereurs allemands avait passé comme une espèce de fidéi-
commis à la couronne de France. L'Eglise catholique pouvait être représentée par une ellipse. Dans l'un des foyers
on voyait saint Pierre, et dans l'autre Charlemagne :
l'Eglise gallicane avec sa puissance, sa doctrine, sa dignité,
sa langue, son prosélytisme, semblait quelquefois rappro-
cher les deux centres, et les confondre dans la plus magnifique unité 1. »

On peut dire en lisant cette belle page qu'on voit passer
l'âme de la France sous les yeux : il est impossible de

---

1 De Maistre. *Du Pape.* Discours préliminaire, pag. 8-11.

mieux montrer la place qu'elle occupe dans le monde, l'action qu'elle y a exercée et les moyens de cette action.

L'auteur continue : « Mais, ô faiblesse humaine ! ô déplorable aveuglement ! des préjugés détestables que j'aurai occasion de développer dans cet ouvrage, avaient totalement perverti cet ordre admirable, cette relation sublime entre les deux puissances. A force de sophismes et de criminelles manœuvres, on était parvenu à cacher au roi *très chrétien* l'une de ses plus brillantes prérogatives, celle de présider (humainement) le système religieux, et d'être le protecteur héréditaire de l'unité catholique. Constantin s'honora jadis du titre d'*évêque extérieur*. Celui de *souverain-pontife extérieur* ne flattait pas l'ambition d'un successeur de Charlemagne ; et cet emploi, offert par la Providence était vacant ! Ah ! si les rois de France avaient voulu donner main-forte à la vérité, ils auraient opéré des miracles ! Mais que peut le roi, lorsque les *lumières de son peuple sont éteintes* ? Il faut même le dire à la gloire immortelle de l'auguste maison, l'esprit royal qui l'anime a souvent et très heureusement été plus savant que les académies et plus juste que les tribunaux. [1] »

On sait quelles furent les suites de cet oubli de la vocation, ou plutôt elles sont sous les yeux de tous et nous en souffrons.

Mais, nous en avons l'invincible confiance, le temps n'est pas loin où la France reprendra ses fonctions.

« Il est infiniment probable que les Français nous donneront encore une tragédie [2] ; mais que ce spectacle ait ou n'ait pas lieu, voici ce qui est certain. L'esprit religieux qui n'est pas du tout éteint en France, fera un effort proportionné à la compression qu'il éprouve, suivant la nature de *tous les fluides élastiques*. Il soulèvera des montagnes,

---

[1] Id. Ibid. pag. 11-12.

[2] Nous en sommes aujourd'hui les spectateurs et les victimes !.... La réalisation de la première partie de cette prophétie faite en 1819, nous donne le droit d'attendre avec confiance la réalisation de la seconde.

il fera des miracles. Le Souverain-Pontife et le sacerdoce
français s'embrasseront, et, dans cet embrassement sacré
ils étoufferont les maximes gallicanes [1]. Alors le clergé
français commencera une ère nouvelle, et reconstruira la
France, — et la France prêchera la religion à l'Europe, —
et jamais ou n'aura rien vu d'égal à cette propagande; —
et si l'émancipation des catholiques est prononcée en Angle-
terre, ce qui est possible et même probable [2], et que la religion catholique parle en Europe français et anglais, sou-
venez-vous bien de ce que je vous dis, mon très cher
auditeur, il n'y a rien que vous ne puissiez attendre. —
Et si l'on vous disait que, dans le courant du siècle, on
dira la messe à Saint-Pierre de Genève et à Sainte-Sophie
de Constantinople, il faudrait dire : Pourquoi pas ? »

« Cet oracle est plus sûr que celui de Calchas [3]. »

La foi catholique est donc le premier article du droit
français.

Droit si essentiel et par conséquent si nécessaire, qu'il
faudrait lui sacrifier les autres si les autres étaient en
opposition avec lui. C'est l'exemple que nous ont donné nos
pères dans leur lutte contre le Béarnais; droit si fonda-
mental que de bons esprits ont pu voir la restauration de
la société française toute entière, dans la restauration de
ce seul droit, et se rallier d'abord à celui qui avait signé le
concordat, puis à celui qui avait ramené Pie IX à Rome
et rendu aux évêques la liberté de leurs conciles ; droit si
évident qu'il s'impose aux yeux de tous, M. Thiers disait
hier encore à la tribune et sans réclamation aucune, même
de l'extrême gauche : « C'était à nous, messieurs, qu'était
échu le rôle de protecteurs du catholicisme »(Très bien! très
bien!—Séance du 22 juillet.) M.Thiers a pu croire qu'il faisait dans cette séance l'oraison funèbre de ce devoir et de

1 C'est ce qui vient de se faire au concile du Vatican.
2 Ce qui est fait aujourd'hui.
3 De Maistre. *Lettres*, pag. 508.

ce droit, mais nous l'avons dit et nous le répétons : notre conviction est que malgré toutes les apparences contraires un avenir prochain verra ce devoir mieux compris, et ce droit plus vivant qu'ils ne l'ont jamais été.

Le second article du droit français est ce que l'on appelait autrefois la loi salique et que l'on appelle aujourd'hui la légitimité.

Pour bien comprendre ce droit il est nécessaire de rappeler quelques-uns des principes déjà posés.

Nous avons vu que toute société est une multitude, non point une multitude confuse mais une multitude ordonnée qui reçoit du pouvoir qui la préside l'ordre et l'unité.

Nous disons une multitude et non pas une suite de multitudes qui se succéderaient l'une à l'autre comme les flots de la mer ou les tourbillons de poussière que chasse le vent; un peuple, en un mot, identique à lui-même dans toute la suite de son histoire, malgré le flux des générations qui renouvelle chaque jour les éléments dont il se compose, comme, au dire des physiologistes, la nutrition renouvelle les éléments de notre corps.

Qui fait cette identité dans le mouvement?

C'est le pouvoir, le pouvoir qui a déjà fait l'unité dans la multitude. Mais pour cela il faut que le pouvoir soit stable, que lui tout le premier reste le même, et il ne peut rester le même qu'autant qu'une loi inviolable pourvoie à sa transmission.

Que cette loi soit une loi d'hérédité ou une loi d'élection, c'est par elle et par elle seule que le pouvoir peut demeurer dans la société et que la multitude qu'il gouverne peut être un peuple, un peuple ayant une histoire et un avenir.

On voit ici combien sont insensés ceux qui veulent changer la loi de la transmission du pouvoir dans une société et établir, par exemple un pouvoir électif, là ou

il y a un pouvoir héréditaire, vieux déjà de quatorze siècles !
C'est pourtant ce que prétendent nos soi-disant républi-
cains ! ce qu'ils veulent, disons le hardiment! ce qu'ils
veulent, ce n'est rien moins que l'anéantissement même
du peuple français ! Sauf à créer ensuite sur ses ruines
un autre peuple!.... Ils ne le savent point sans doute,
mais un secret instinct l'avait dit à la Commune de 1793
et le disait encore à la Commune de 1871. C'est l'invincible logique qui finit toujours par se traduire dans les faits.

Et ceux qui parlent d'appeler chaque génération au
choix du pouvoir qui doit la gouverner, sous le beau pré-
texte qu'aucune de ces générations n'a le droit d'engager
la liberté des autres, devraient aussi trouver qu'aucune
majorité n'a le droit de faire la loi à aucune minorité en
lui imposant le pouvoir de son choix. Et même, une fois
trouvé un pouvoir au goût de tout le monde, ce pouvoir
devrait par de continuels plébiscites s'informer de la
volonté de chacun et agir en toutes choses selon le bon
plaisir de tous !!!

Nous devons rappeler en second lieu que si dans toute
société il faut un pouvoir et un pouvoir dont la régulière
transmission soit assurée par une loi inviolable, la forme
de ce pouvoir ne peut être partout la même. Nous l'avons
dit, la forme politique d'un peuple doit être en conformité
avec son tempérament, comme son tempérament est lui-
même en conformité avec sa vocation, ou le rôle qu'il est
appelé à jouer dans le monde. Tout peuple reçoit de Dieu
en naissant le gouvernement qui lui convient, du moins,
en principe et en germe. Plus tard, la liberté de ce peuple
peut s'appliquer à perfectionner ou à détériorer la forme
gouvernementale qu'il a reçue, et c'est en présence des
résultats de cette liberté qu'il est vrai de dire avec le plus
grand publiciste des temps modernes : que tout peuple a
le gouvernement qu'il mérite.

Cependant, quoique toute forme de gouvernement vienne
de Dieu et puisse être la meilleure dans tel cas donné, il

s'en faut bien que toutes ces formes soient également bonnes aux yeux du philosophe qui les considère abstractivement.

Et disons ici que Dieu qui voulait faire de la France le plus beau royaume après celui du ciel [1], après lui avoir donné la plus noble de toutes les vocations, lui a donné le plus parfait de tous les gouvernements.

Le gouvernement de la France, tel que quatorze siècles d'histoire l'ont montré, est une monarchie et la plus parfaite des monarchies.

Monarchie héréditaire, de mâle en mâle, par ordre de primogéniture, monarchie indépendante, — rendue indépendante des caprices de la multitude par la propriété territoriale et indépendante de ses vues et de ses volontés particulières par des institutions nationales.

Reprenons chacun de ces points.

Le gouvernement de la France est une monarchie. J'entends une véritable monarchie, où le monarque n'est point le simple exécuteur de la volonté d'autrui, mais possède et exerce le pouvoir législatif qui est l'essence du pouvoir souverain.

On a présenté à notre siècle comme le plus effrayant des fantômes la volonté d'un seul, maîtresse de la volonté de tous, et notre siècle, saisi de peur, s'est réfugié dans les Assemblées politiques.

Or, il a trouvé là ce qu'il fuyait, mais avec des aggravations qu'il n'y cherchait point.

Quel que soit l'objet des délibérations d'une Assemblée et la manière dont la discussion est menée, toujours est-il qu'un avis finit par prévaloir, et que du moment où cet avis a prévalu il devient une loi. De sorte que celui qui a émis cet avis a été pour le moment le véritable souverain, celui dont la volonté est devenue la règle de la volonté de tous. Mais souverain de hasard. « Une Assemblée a dit M. de Bonald

1 Saint Grégoire.

est à la lettre et physiquement une loterie de pouvoir où
on le tire à chaque délibération [1]. » Souverain de passage :
qui ne peut avoir cette suite dans les idées et cette conti-
nuité dans l'action qu'exige la direction d'un peuple.
Souverain irresponsable : qui en se perdant dans l'Assemblée,
devient tout le monde et n'est plus personne. Enfin, souverain véritablement illimité dans son pouvoir : quelles
bornes imposer d'avance à l'inconnu ?

Il vaut mieux un souverain connu à qui chacun puisse
imputer ce qu'il fait ; un souverain permanent qui puisse
avoir un but et imprimer vers ce but une direction
continue ; un souverain défini qui ne puisse porter chaque
jour les limites de son pouvoir aux termes de ses caprices.

Et c'est ce qu'avait la France et ce qu'elle n'a point
cessé d'avoir en droit.

On dira : mais, une Assemblée discute, et la discussion
engendre la lumière. Je le veux bien. Mais qui empêche d'é-
clairer la raison du monarque, aussi bien que la raison de ce
souverain de circonstance que le vote fera surgir chaque jour
de l'urne législative ? Et j'ajoute que, quatre-vingt-dix-neuf
fois sur cent, l'habileté et l'intrigue parviendront, dans les
Assemblées laissées à elles-même, malgré toutes les discus-
sions, à faire prévaloir des vues et des volontés particulières, indifférentes ou même contraires au bien général ;
tandis qu'il sera toujours possible et même facile, comme
nous le verrons, d'élever autour de la volonté du monarque
des institutions dont la fonction sera précisément d'empêcher ce malheur et de le rendre quasi-impossible.

Le gouvernement de la France est une monarchie
héréditaire, de mâle en mâle par ordre de primogéniture.

Qui n'a entendu les faciles déclamations de la super-
ficialité sur les hasards de la naissance et le choix du plus
digne ? Il suffit d'un peu de raison, d'expérience et d'histoire

[1] *Essai analytique*, p. 34.

pour savoir que l'élection ne rencontre le plus digne que par hasard, d'elle-même elle va au plus intriguant ; que l'élection suspend le pouvoir, éveille les ambitions, agite la société, la met dans des convulsions périodiques, qui bientôt finiront par la tuer. Les utopistes n'ont qu'à se rappeler l'histoire de l'Allemagne et la fin de la Pologne.

L'hérédité donne à une société continue, un pouvoir continu : « Le roi est mort, vive le roi. » Par elle le roi ne meurt point. Durant une longue suite de siècles, c'est le même esprit et le même amour qui préside aux destinées d'un même peuple, amour et esprit transmis par le sang et l'éducation.

« Le prince électif, dit J. de Maistre, jouit toujours en usufruitier. Il ne pense qu'à lui parce que l'état ne lui appartient que par la jouissance du moment. Presque toujours il est étranger au véritable esprit royal [1]. » Le prince héritier a reçu, au contraire, cet esprit royal de ses ancêtres, et dès leur naissance il songe à le transmettre à ses enfants. De sorte que dans les familles souveraines, cet esprit va se perfectionnant chaque jour. Quel trésor d'honneur, de gloire, d'amour pour le peuple et de sublime dévouement est transmis de génération en génération aux enfants de France ! Le talent et le génie ne peuvent suppléer à cette tradition, quand bien même l'élection les rencontrerait chaque jour ; tandis que par elle, la simple droiture du cœur et de l'esprit peut former un bon roi [2].

---

[1] *Du Pape*, p. 237.

[2] « On appelle sans cesse de grands hommes, dit M. de Bonald : ils paraissent où et quand ils sont nécessaires. Quand la nature des sociétés amène de grandes circonstances, la nature des choses produit des grands hommes. Un grand homme, hors de sa place (comme ils le sont presque toujours dans les républiques), n'est qu'un grand fléau, parce qu'un grand homme veut créer des grands événements et qu'il ne produit que de grands malheurs. Marius, Sylla, César parurent trop tôt ; Auguste vint à propos. On verra dans le cours de cet ouvrage, que Clovis, Charlemagne, Saint-Louis, Henri IV, parurent chacun dans le moment qu'il fallait, et avec les circonstances de caractère et de position qu'exigeaient le temps où ils vivaient, et les grandes choses qu'ils avaient à faire : « On se plaint quelquefois, dit Henault, de la disette des grands hommes... Il n'y a pas de plus grand malheur pour les états, que ce

D'ailleurs, il ne faut point croire qu'une famille royale puisse fournir beaucoup d'hommes dépourvus de cœur ou d'esprit. Toutes choses égales, elle en fournira infiniment moins que toute autre famille : « Rien n'arrive, rien n'existe sans raison suffisante, dit J. de Maistre, une famille ne peut régner, que parce qu'elle a plus de vie, plus d'esprit royal, en un mot, plus de ce qui rend une famille plus faite pour régner. On croit qu'une famille est royale parce qu'elle règne; au contraire, elle règne parce qu'elle est royale [1]. » Une curieuse statistique lui avait permis de conclure que les princes chrétiens ont plus de vie commune que les autres hommes, il ajoutait : « Cette considération prouverait ce qui m'a toujours paru infiniment probable, que les familles véritablement royales, sont naturelles et diffèrent des autres, comme un arbre diffère d'un arbuste [2]. » Elles en diffèrent non-seulement par la vigueur de la sève vitale, si je puis ainsi parler, mais par la droiture de l'intelligence, l'énergie du cœur, la noblesse de l'âme. Que l'on considère les trois races qui se sont succédées sur le trône de France, et parmi ces trois races, particulièrement la dernière, et en celle-ci particulièrement la branche des Bourbons; que l'on voie les princes qu'elle nous a donnés et ceux qu'elle n'a fait que nous montrer et que la Providence nous a ravis, parce que nos péchés nous rendaient indignes d'en jouir, et que l'on trouve ailleurs quelque chose de semblable !

concours de personnages illustres et puissants, qui prétendant tous à l'autorité, commencent par la diviser et finissent par l'anéantir. » Le plus grand bienfait de la royauté est d'épargner à la société une foule de grands hommes qui voudraient devenir plus grands. » (*Théorie du pouvoir politique et religieuse*, I, p. 175.)

Si on osait ajouter à la pensée d'un si grand philosophe, on dirait qu'un second bienfait de la royauté, non moins grand que le premier est de discerner les hommes et de *les mettre en leur place*, pour leur faire produire tout ce qu'ils peuvent donner et tout ce que la société est en droit d'en attendre. Aucune institution n'a su mieux discerner et mieux employer les hommes que la monarchie française, et dans la monarchie française, personne mieux que Louis XIV, roi vraiment grand par sa propre grandeur et par la grandeur de cette pléiade de grands hommes qu'il avait mis en lumière et qui lui renvoyaient leur éclat.

1 *Du Pape*, p. 380.

2 Ibid.

De là, la prépondérance nécessaire des monarchies héré-
ditaires sur les monarchies électives, même à infériorité
des forces : « Nous croyons, disaient franchement les
ambassadeurs de Saint-Louis à l'empereur Frédéric II,
en 1239, que le roi de France, notre maître, qui ne doit le
sceptre des Français qu'à sa naissance, est au dessus d'un
empereur quelconque qu'une élection libre a seule porté
sur le trône. » Ce que ces ambassadeurs disaient des deux
souverains, l'histoire le dit des deux nations et elle ne
peut attribuer à aucune autre cause qu'à celle qui est ici
marquée, la supériorité de l'une sur l'autre.

De là, le progrès de la vie sociale, qui n'ayant point à
s'épuiser en des luttes stériles concentre son activité et
l'emploie toute entière à son perfectionnement.

De là, le respect, la vénération et l'amour pour une
autorité à laquelle les ancêtres obéissaient déjà et qui a
fait la patrie.

« L'amour, dit un auteur anglais, l'amour et l'attachement
du Français pour la personne de ses rois est une partie
essentielle et frappante du caractère national.... Quoique
le Français sache que son roi est de la même trempe et
susceptible des mêmes faiblesses que les autres hommes,
il ne lui est pas moins attaché par un sentiment qui tient
également de l'amour et du respect, espèce de préjugé
d'affection tout-à-fait indépendant du caractère du
monarque. Le mot *roi* excite dans l'esprit d'un Français
des idées de bienfaisance, de reconnaissance et d'amour,
en même temps que, celles de pouvoir, de grandeur et de
félicité [1]. »

Et Mirabeau : « Amour des Français pour son roi,
dira-t-on ; mais c'est précisément ce qui vit en nous
tous, ce qui nous fut transmis par nos pères avec le
sang qui coule dans nos veines, et que j'appelle

---

[1] *Lettres d'un voyageur anglais sur la France, la Suisse et l'Allemagne*,
t. I, lett. IV.

amour de la patrie...... Ce germe de zèle et d'amour,
qu'on croirait quelquefois éteint, à entendre nos discours, se ranime et prend feu, dès la première étin-
celle qui se présente; et c'est malgré tous les prestiges de
l'intérêt, le véritable et, après la Providence, le seul appui
de la monarchie. »

Napoléon ne l'ignorait pas lorsqu'il disait au jour de
ses défaites : « Un Bourbon s'en tirerait. »

Des symptômes qui ne trompent pas, montrent que cet
amour pour le vieux sang de ses rois n'est pas éteint
dans le cœur des Français, même après un siècle d'oppression et d'absence; et tout fait espérer que l'amour du
roi [1], servi par cet amour, saura opérer les prodiges
qu'exige notre salut.

Le gouvernement de la France est une monarchie indépendante.

« Le pouvoir est essentiellement indépendant, dit M. de
Bonald, car un pouvoir dépendant de quelque autre n'est
plus un pouvoir. » Et il ajoute : « Le pouvoir public ne
peut être indépendant sans être propriétaire dans
le sol [2]. » Ailleurs, il explique sa pensée : « Le monarque établi pour réprimer les actes extérieurs de la
volonté dépravée ou de la passion de tous, doit être
personnellement indépendant de tous. Il doit donc nécessairement être propriétaire; car, celui qui ne subsiste pas
de sa propriété subsiste de celle d'autrui et par conséquent
il est dépendant, soit qu'il accepte, soit qu'il usurpe. Le
monarque devint donc propriétaire, et la société assigna
des terres pour son entretien.... elle en assigna aussi
pour les frais du culte public.... Puisque la société ne
pouvait subsister sans religion et sans royauté, il était
dans la nature des choses que les domaines affectés à
leur entretien devinssent inaliénables, et ils devinrent

---

1 « On se dira que j'ai la vieille épée de la France dans la main et dans
la poitrine, ce cœur de roi et de père qui n'a point de parti. » (8 mai 1871).

2 *Démonstration philosophique du principe constitutif de la Société*, p. 455.

inaliénables sans qu'on puisse en assigner l'époque. Le
président Henault prouve que cette loi était connue dès les
premiers âges de la monarchie. »

« Mais si le monarque devait être indépendant des membres de la société, il ne fallait pas qu'il fut indépendant de
la société même, de peur qu'il ne voulut l'opprimer;
c'est-à-dire qu'il ne devait pas avoir des moyens de puissance à lui personnels, qu'il ne tint pas de la société,
qu'il pût accroitre et dont il put abuser contre la société.
La loi politique qui réunit au domaine de la couronne les
domaines particuliers des rois de France était donc un
développement nécessaire de la Constitution, mais il s'est
fait plus tard parce qu'il était moins important. »

« Le pouvoir et la religion furent dotés par la volonté
générale de la société ou la nature elle-même; donc là où
leur dotation leur sera enlevée, elle le sera malgré la
nature, malgré la volonté générale de la société, il n'y aura
bientôt plus ni pouvoir, ni religion, ni société [1]. »

La Révolution le sait bien ; elle qui veut tuer la religion
et le pouvoir, a compris que ces deux choses avaient
trop de vie pour qu'elle put espérer arriver à ses fins en
un jour; elle a donc commencé par leur enlever leurs
biens et remplacer ces biens par un salaire, afin de les
avilir et de les tenir sous sa dépendance; et elle a si
bien réussi, et elle a tant lieu de s'applaudir de ses
succès, qu'aujourd'hui elle veut couronner son œuvre,
et s'essaie à soumettre à la même mesure la plus haute
expression de la religion et du pouvoir : le souverain
pontificat.

Il est une autre indépendance plus nécessaire encore au
bien de la société, que celle dont nous venons de parler
c'est l'indépendance du souverain vis-à-vis de lui-même,
l'indépendance de ses vues particulières et de ses volontés
propres, indépendance que le droit français a connue dès

[1] *Théorie du pouvoir*, p. 182-277.

ses premiers jours et qui, jusqu'aux jours néfastes de la
révolution, a gardé la France vierge de tout despotisme.

Dans le souverain, le philosophe peut considérer comme
deux personnalités distinctes : l'homme et le monarque ;
l'homme qui peut avoir une intelligence plus ou moins
étendue, une volonté plus ou moins droite, et le monarque
qui est la personnification du bien public, qui n'a d'autre
raison d'être et d'autre fonction que de voir ce bien, de le
vouloir efficacement par la promulgation des lois et de le
procurer par l'action de la force publique. Or, ces deux
personnalités sont inséparables, elles sont unies et comme
fondues en un seul individu : le roi. D'où il peut arriver
et il arrivera nécessairement, s'il n'y est pourvu, que par-
fois elles se confondront ou usurperont l'une sur l'autre ;
qu'en un mot le souverain verra, au lieu du bien public,
son intérêt propre et particulier, et qu'il mettra au service
de cet intérêt le pouvoir du monarque, c'est-à-dire, la loi
et la force, ce qui est proprement le despotisme et la
tyrannie.

Or, dès les jours où la société française prit naissance,
la Providence, qui voulait faire de la France la reine des
nations, prit soin de placer à côté du pouvoir, qui s'éleva
en cette société, une institution à qui elle donna la mission
d'éclairer ce pouvoir et de s'opposer comme un rempart
inexpugnable aux abus de son autorité.

Cette institution fut la sainte Eglise catholique. « Un
caractère particulier de la monarchie française, dit J. de
Maistre, c'est qu'elle possède un certain élément théocra-
tique, qui lui a donné quatorze cents ans de durée. Il n'y a
rien de si national que cet élément. 1 » «Voyez son histoire.
Au gouvernement des druides, qui pouvaient tout, a succédé
celui des évêques qui furent constamment, mais bien plus
dans l'antiquité que de nos jours, *les conseillers du roi*

---

1 *Considérations sur la France*, p. 106.

en tous ses conseils. Les évêques, c'est Gibbon (protes-
tant) qui l'observe, *ont fait le royaume de France:* rien
n'est plus vrai. Les évêques ont construit cette monarchie,
comme les abeilles construisent une ruche. Les conciles,
dans les premiers siècles de la monarchie, étaient de véritables conseils nationaux. Les *druides chrétiens,* si je puis
m'exprimer ainsi, y jouaient le premier rôle [1]. » « Véritables Orphées de la France, qui apprivoisèrent les tigres
et se firent suivre par les chênes. [2] »

Outre cette action directe qu'elle exerça par ses repré-
sentants du ve au xviiie siècle, la religion chrétienne, par
les mœurs qu'elle forma, établit au sein même de la Société
française un frein doux et puissant aux abus ou aux
erreurs du pouvoir. (Cette remarque est de Montesquieu.)
Frein qui se fit sentir plus qu'on ne pense, même en ces
derniers temps, aux pouvoirs illégitimes issus de nos révolutions; mœurs qui ne purent souffrir de les voir songer,
avant tout, à leur conservation et qui furent l'une des
grandes causes de leur chute.

Bientôt au clergé s'adjoignit la noblesse.

Il faut dire un mot de cette institution aujourd'hui, si
méconnue et si décriée.

La noblesse était l'ensemble des familles françaises qui,
à différentes époques et de différentes manières, s'étaient
distinguées ou annoblies *(nobilis-notabilis),* par une
longue suite de services rendus à la patrie.

Ce n'était point une caste, c'était un ordre ouvert à
toute la société française, et dans lequel toute famille, de
par le roi, pouvait être admise, lorsque sa fortune faite,
elle n'était plus obligée de travailler pour elle-même, et
pouvait et voulait se consacrer au bien public L'ennoblissement l'admettait à l'honneur et lui conférait le devoir de
servir l'Etat à perpétuité.

1 *Du Pape,* p. 6.
2 *Ut super.*

Ce n'était point un privilége, c'était un dévouement.
Aujourd'hui, le riche qui exerce une fonction publique
reçoit un traitement et trop souvent il ne considère cette
fonction, à laquelle il est passagèrement élevé, que
comme un moyen de spéculer avec plus d'avantage
pour sa fortune. Alors, le noble pouvait être exempt
d'impôts pour certaines terres, mais la possession de
ces terres l'obligeait à un service perpétuel et gratuit,
et les traditions d'honneur qu'il avait reçues dans son
éducation nobiliaire lui faisaient considérer comme chose
toute naturelle et toute simple le sacrifice de sa personne
et de ses biens aux devoirs de sa charge et à l'intérêt de la
patrie. Je sais bien que tout n'a point toujours répondu à
cet idéal, mais quelle institution humaine n'a jamais fait
défaut au sien! Toutefois, le dévouement et l'honneur
avaient assez pénétré le sang de la noblesse pour que, de
nos jours, nous ayons pu les y retrouver encore. Tandis
que les fils de Voltaire abritaient leurs précieuses personnes derrière l'encrier de nos bureaux, les fils de nos
anciens preux couraient opposer leurs poitrines à l'enne-
mi, sans même daigner considérer qu'un tiers était là
s'apprêtant à mettre leur dévouement à profit. La patrie
était en danger, qu'auraient-ils vu que son péril?
qu'auraient-ils entendu que sa voix?

La fonction de la noblesse était la défense de la société
contre les ennemis du dehors par les armes, contre les
ennemis du dedans par l'exercice du pouvoir judiciaire.

Elle avait une autre fonction plus haute, c'était de conserver, par l'organe des *Parlements*, le dépôt des lois. De cette
fonction découlait un devoir, celui de veiller à ce qu'il ne
se glissât dans ce dépôt sacré aucune loi qui n'eut
pas pour objet le bien public; et lorsqu'elle n'apercevait
point ce caractère dans une loi qui lui était présentée,
elle devait faire au roi des *remontrances* et surseoir
à l'insertion, jusqu'à ce que la cause eut été discutée
et jugée.

L'homme-roi n'était donc point tenu, comme il ne pouvait pas l'être, à distinguer la volonté particulière de l'homme de la volonté générale du roi, mais il y avait à côté de lui une institution pour remplir cet office et empêcher l'oppression de la société.

Au clergé et à la noblesse vint bientôt se joindre le Tiers-Etat.

Une réflexion se place ici d'elle-même.

Le monarque de France a reçu, dès l'origine, un nom que, dans la suite des siècles, il a noblement justifié. Il s'appelle le Roi. D'autres portent le nom d'Empereurs, c'est-à-dire, commandants; la France est trop noble pour subir de ces donneurs d'ordres (*imperare, — ordonner*), si ce n'est aux jours de ses malheurs, elle possède un roi *(rex — pouvoir dirigeant).* Et, en effet, la fonction séculaire de la royauté française a été de diriger la Société à laquelle elle présidait, et par une action continue de l'élever peu à peu, mais toute entière, à la pleine possession d'elle-même. L'abolition de l'esclavage, l'affranchissement des serfs, l'établissement des communes, les cahiers de 89 ont été différents efforts et différentes étapes qui rapprochaient d'un même but : l'entière *franchise* du peuple *français.*

Dès l'origine la monarchie française a compris qu'*un peuple chrétien a le droit d'être libre* [1], et la liberté du peuple français a été l'objet de ses plus constants efforts.

Dès avant la Révolution le Tiers-Etat votait les impôts, en ce qui le concernait du moins, et il en surveillait la répartition, la perception et l'emploi. De plus, il concourait avec le clergé et la noblesse à informer la conscience du législateur pour la confection des lois.

Aujourd'hui qu'il n'y a plus de distinction d'ordres, et que le progrès du temps et de l'esprit public a amené ce qu'il devait amener nécessairement chez un peuple chré-tien : la participation de tous aux affaires du pays, ou

1 *Manifeste de Chambord*, 5 juillet 1871.

pour me servir d'une expression reçue, quoiqu'inexacte —
l'avénement de la démocratie — il ne faut point croire que
la vieille royauté ait peur de ce qu'elle seule a préparé
avec une rare constance, pendant une longue suite de
siècles. Il y a un siècle, le bon et infortuné Louis XVI
avait cru l'heure de cet avénement arrivée, et d'accord
avec le pays il se disposait à le proclamer : « Lorsque une
minorité révoltée fit (de ce noble dessein) le point de départ
d'une période de démoralisation par le mensonge et de
désorganisation par la violence. Ses criminels attentats
ont imposé la Révolution à une nation qui ne demandait
que des réformes, et l'ont dès lors poussée vers l'abîme
ou hier elle eut péri, sans l'héroïque effort de notre
armée » [1]. « Ce mouvement est à reprendre en lui restituant son véritable caractère [2]. » Et il n'y en a qu'un seul
qui puisse le reprendre et le mener à bonne fin : l'héritier
de ceux qui l'ont préparé.

Ecoutons sa parole d'honnête homme et de roi : « Dieu
» aidant, nous fonderons ensemble et quand vous le
» voudrez, sur les larges assises de la décentralisation
» administrative et des franchises locales, un gouverne-
» ment conforme aux besoins réels du pays. »

« Nous donnerons pour garantie à ces libertés publiques,
» auxquelles tout peuple chrétien a droit, le suffrage
» universel honnêtement pratiqué et le contrôle des
» deux Chambres, et nous reprendrons en lui restituant
» son caractère véritable, le mouvement national de la
» fin du dernier siècle [3]. »

Ce langage a paru hardi à quelques-uns. Le sort funeste
de Louis XVI et de Charles X ; et aussi de Louis-Philippe
et de Napoléon, leur a fait craindre pour l'avenir de
nouveaux malheurs.... Qu'ils daignent considérer que

1 *Manifeste de Chambord*, 5 juillet 1871.
2 Ibid.
3 Ibid.

jamais les peuples ne reculent, ni les siècles ne retournent en arrière; que le mouvement social, dont il s'agit, était commencé il est vrai à la fin du dix-huitième siècle, mais n'était peut-être point encore assez mûr pour aboutir; qu'en 1814 il ne fut pas bien compris; et que Louis-Philippe et Napoléon devaient nécessairement tomber par d'autres causes. Qu'ils considèrent que ce mouvement rendu à sa sincérité est un grand et désirable progrès, il n'est rien moins que *l'ennoblissement de toute la Société française*; et enfin, que Dieu qui a su donner à la France Clovis, Charlemagne, Saint-Louis, Philippe-Auguste, Henri IV, aux jours où il les fallait, nous a préparé aujourd'hui Henri V.

Catholicisme, — monarchie indépendante et héréditaire, — tel est donc le droit de la France, la constitution que lui ont faite Dieu et les siècles.

Constitution et droit qui s'imposent à tous au roi comme au peuple.

Ou plutôt constitution et droit qui sont notre patrimoine commun, que nos pères avaient reçus des leurs, et que pour leur malheur et le nôtre ils ont laissé altérer entre leurs mains,

Mais que nous sommes appelés à restaurer pour les transmettre dans leur intégrité à nos enfants.

V.

Henri V, roi de France, par la grâce de Dieu.

C'est Dieu qui l'a fait, par sa naissance, l'héritier de cette longue suite de rois qui ont fait la France, et ont été pendant quatorze siècles, et avec tant de gloire, les régents du peuple français dans le monde.

C'est Dieu qui, en le faisant naître de leur sang, l'a constitué le titulaire de ce droit français qui a vécu en eux et qui est seul capable aujourd'hui de nous rendre la paix, la prospérité et je dirai la vie.

Un siècle entier de bouleversement, de ruines et de morts, depuis que ce droit a été violé, ne nous dit-il point assez ce qu'il est et par quelles profondes racines il tient à la constitution française.

Shakespeare l'avait dit : « *Un crime fait-il disparaître la majesté royale? à la place qu'elle occupait il se forme un gouffre effroyable, et tout ce qui l'environne s'y précipite.* »

Et dès 1796, J. de Maistre après avoir cité ces paroles ajoutait : « Chaque goutte du sang de Louis XVI en coû-

tera des torrents à la France ; *quatre millions de Français peut-être payeront de leurs têtes le grand crime
national d'une insurrection anti-religieuse et anti-
sociale couronnée par un régicide* [1]. »

Si l'on compte les victimes de la Terreur, celles des
révolutions de 1830 et de 1848, celles des journées de
juin et celles de la Commune; si à ces victimes l'on ajoute
celles non moins regrettables qu'ont faites les guerres
entreprises par les faux pouvoirs, non pour le bien public,
mais dans des vues d'intérêt personnel, et les trois inva-
sions qui les ont couronnées, on trouvera que le calcul de
J. de Maistre, quelqu'exorbitant qu'il ait pu paraître alors
était bien au-dessous de ce que préparait la réalité.

Que serait-ce si à ce nombre incalculable déjà il fallait
ajouter encore le chiffre de l'avenir !

Et cependant de toutes parts n'entendez-vous point cette
sinistre parole sortir de toutes les bouches ? de la bouche
du sage comme de la bouche de l'insensé : « Ce n'est point
fini !!! »

D'où vient un tel pressentiment? si ce n'est de cet
instinct qui part du fond même de l'âme française : que le
désordre ne reculera qu'à l'apparition du pouvoir vrai et
légitime.

« Oh ! témoignage de l'âme naturellement chré-
tienne! » s'écriait Tertulien ; et que je dirais volontiers ici :
« Oh ! témoignage de l'âme française naturellement roya-
liste. »

Lorsque, par deux fois, le pouvoir des Napoléons et une
fois le pouvoir d'un prince qui aurait dû mettre les tradition de sa race au-dessus des traditions particulières de
sa famille, parurent assis et enracinés, l'un dans la gloire,
l'autre dans l'habilité, le troisième dans l'assentiment de
la multitude, il ne manqua point de docteurs pour dire :

Le droit ancien est aboli, un droit nouveau lui succède.

---

1 *Considérations sur la France*, page 45.

Ils avaient oublié qu'il n'y a point de droit contre le droit, et que jamais le droit de Louis XVIII, autrefois, et aujourd'hui le droit d'Henri V n'avaient cessé , je ne dis pas d'exister, mais d'être manifestes.

Le droit peut se perdre, et en France, les rois de la première race, puis ceux de la seconde, l'ont successivement perdu. Quand et comment ? je n'en sais rien ; mais je sais qu'il fut un jour où il devint évident pour tous que le droit ne se trouvait plus sur la tête des anciens titulaires, mais qu'il reposait sur la tête des nouveaux.

Ce jour fut celui où la *prescription* ne fut douteuse pour personne. Car c'est une chose reçue chez tous les peuples civilisés que la prescription confère légitimement le droit quel qu'il soit, même le droit de propriété.

Or, jamais la prescription ne put s'établir contre les Bourbons : toujours ils se tinrent en face de l'usurpateur. jamais ils ne cessèrent de protester contre l'usurpation [1].

1 Voici la protestation que fit entendre le comte de Chambord dans son manifeste du 25 octobre 1852 :

« Français !

» Quels que soient sur vous et sur moi les desseins de Dieu, resté chef de l'antique race de vos rois, héritier de cette longue suite de monarques qui, durant tant de siècles ont incessamment accru et fait respecter la puissance et la fortune de la France, je me 'dois à moi-même, je dois à ma famille et à ma patrie, de *protester hautement* encore contre des combinaisons mensongères. Je *maintiens donc mon droit* qui est le plus sûr garant des vôtres, et, prenant Dieu à témoin, je déclare à la France et au monde que fidèle aux lois du royaume et aux traditions de mes aïeux, *je conserverai religieusement jusqu'à mon dernier soupir le dépôt de la monarchie héréditaire dont la Providence m'a confié la garde*, et qui est l'unique port de salut, où, après tant d'orages, cette France, objet de tout mon amour, pourra retrouver enfin le repos et le bonheur. »

Déjà, après la mort du duc d'Angoulême, le 2 juin 1844, le comte de Chambord avait adressée aux cabinets la notification suivante :

« Devenu par la mort de M. le comte de Marnes, chef de la maison du Bourbon, je regarde comme un devoir de protester contre le changement qui a été introduit en France dans l'ordre légitime de la succession à la couronne, et de déclarer que je ne renoncerai jamais aux droits, que d'après les anciennes lois françaises, je tiens de ma naissance.

« Ces droits sont liés à de grands devoirs, qu'avec la grâce de Dieu, je saurai remplir ; toutefois, je ne veux les exercer que lorsque, dans ma conviction, la Providence m'appellera à être véritablement utile à la France.

» Jusqu'à cette époque, mon intention est de ne prendre, dans l'exil où je suis forcé de vivre, que le nom de comte de Chambord ; c'est celui que j'ai adopté en sortant de France, je désire le conserver dans mes relations avec les cours. »

Est-ce à dire que tout Français ami de la justice devait refuser obéissance aux pouvoirs illégitimes?

Non certes! car au-dessus de la légitimité du pouvoir, il y a la loi du pouvoir lui-même, loi fondamentale et première de toute société, loi sans laquelle aucune société ne peut vivre même un seul jour, loi qui veut que l'on obéisse au pouvoir établi, quel qu'il soit, en tout ce qui n'est point évidemment contraire au bien public, et en ce qui est contraire qu'on lui résiste mais *passivement*.

La France le sait bien, elle, qui en ces jours d'effroyable crise que nous venons de traverser, a obéi à un Gambetta jusqu'à lui donner, sans compter, ses trésors et son sang.

Mais s'il est permis d'obéir au pouvoir de fait, même lorsque son illégitimité est flagrante, si même il est obligatoire de le faire, du moins dans la mesure que j'ai dite, il ne peut être également permis d'aider ce pouvoir ou de le soutenir activement dans son usurpation. Il faut laisser à Dieu le soin, si ce soin plaît à Dieu, de donner à ce pouvoir illégitime à son origine la consécration du temps et la légitimité de la prescription. En attendant l'homme d'honneur garde dans son cœur, du moins, le culte de la fidélité.

Aujourd'hui que nous sommes débarrassés de ces pouvoirs élevés par la fraude et la violence, et que la France ne s'est point encore rendue à son seul pouvoir légitime, oh! mettons ce provisoire à profit pour voir dans la vérité et la justice, où est le droit, où est le devoir, où est le salut, où est l'avenir de la patrie.

Qui ne voit que tout cela ne peut se trouver ailleurs que dans la restauration du droit antique de la monarchie française?

Aucun Français ne peut dire qu'il ne connaît pas ce droit.

Quatorze siècles d'histoire l'ont, si je puis ainsi dire, infusé dans notre âme, fait passer dans notre sang, en ont fait quelque chose de nous-même.

La loi salique, disait Jérôme Bignon est écrite ès-cœurs du Français. Avec quelle joie ils y revinrent en 1814 et 1815 ? et lorsque les révolutions de 1793, de 1830 et de 1848 leur en arrachèrent la réalité ou les mirent dans l'impossibilité de la ressaisir, ils voulurent du moins qu'on leur en donnât l'ombre.

Et ces jours derniers encore, lorsqu'après une longue oppression ils furent rendus à eux-mêmes, leur premier mouvement, celui que les politiques n'eurent point le temps d'égarer, ne fut-il pas de se porter vers ceux qu'ils savaient leur vouloir rendre le roi.

Henri V devrait être inconnu chez nous.

Eloigné de nos yeux quand il n'avait que dix ans, éloigné de nos esprits par les silences calculés de notre éducation, éloigné de nos cœurs par le mensonge qui s'acharne depuis deux siècles à défigurer l'histoire de sa race et par les travestissements dont la presse affuble chaque jour le principe qu'il représente et qu'il est, il devrait être mille fois oublié ou rejeté.

Et voici qu'aux premiers accents de sa voix la France s'émeut ; cette voix qu'elle n'avait jamais entendue, ne lui est pourtant pas inconnue, elle va au fond de son âme réveiller les échos depuis longtemps endormis de la voix d'Henri IV et de saint Louis. C'est bien le fier langage du premier gentilhomme du monde, c'est bien la franche parole du roi franc, c'est cet accent qui remue les fibres les plus tendres et les plus nobles du cœur, et fait reconnaître... un père.

Plus d'un publiciste aura été étonné de voir quelles paroles de respect et d'admiration s'imposaient à sa plume sous le charme de cette droiture et de cette élévation.

Oh ! que tout ce qui reste de véritables Français salue ce roi qui porte en lui avec tout notre passé, toute notre espérance ; et se rallie avec foi et amour autour de son drapeau.

Cette Providence, qui a donné tant de fois à la France des preuves de sa prédilection, nous ménage pour ces jours de malheurs qui portent avec leurs ruines les ruines de tout un siècle, un roi qui réunit en sa seule personne le principe et l'homme qu'il nous faut.

Le principe qui nous a faits ce que nous sommes peut seul pénétrer à ces dernières profondeurs d'où la vie doit revenir, et y répandre une force amie de notre tempérament et qui a déjà fait preuve de sa vertu sur lui.

Et voici que ce principe déjà si puissant par lui-même se trouve incarné en l'homme qui pouvait le mieux le porter et le faire valoir au temps où nous sommes.

Rappellerai-je le jour de sa naissance et les joies qu'il fit éclater, et les espérances qu'il fit concevoir.

Les poètes chantaient :

> O joie ! ô triomphe ! ô mystère !
> Il est né l'enfant glorieux
> L'ange que promet à la terre
> Un martyr partant pour les cieux.
>
> V. HUGO. Ode VIII.

> Il est né l'enfant du miracle !
> Héritier du sang d'un martyr ;
> Il est né d'un tardif oracle
> Il est né d'un dernier soupir !
> Aux accents du bronze qui tonne
> La France s'éveille et s'étonne
> Du fruit que la mort a porté.
>
> LAMARTINE. 20 édit. XV.

Le roi disait à la France dans un langage que personne ne trouvait trop haut : « Mes amis, il nous est né un enfant ! »

Et le corps diplomatique par la voix de son chef reprenait : « C'est l'enfant de l'Europe ! »

Alors déjà et la France et l'Europe appelaient un sauveur.

Dieu l'avait *donné*.

Et pour que personne ne put douter de la provenance du don et de son caractère, il l'avait fait sortir d'un miracle et marqué au front du sceau de l'archange saint Michel.

Mais quoi ! Dix ans ne sont point écoulés et l'enfant de la France quitte en banni le sol français !

Laissez! la Providence veut mûrir sa sagesse dans la
solitude et communiquer à sa vertu toute la solidité que
donne le malheur.

Quarante années d'exil lui font une retraite, en laquelle
les hommes les plus éminents de l'Europe dans l'armée, la
magistrature, dans les sciences morales, économiques,
politiques, viennent tour à tour lui faire hommage de leur
expérience et de leurs lumières. Avec eux il parcourt tous
les champs de bataille de l'Europe, visite toutes ses institutions, étudie tous les problèmes que le cours des siècles
a accumulés devant notre siècle et lui donne à résoudre.

Quarante années d'exil lui font un observatoire, d'où il
voit passer les événements dans un *lointain tout proche*
qui lui offre les avantages de l'histoire sans ses inconvé-
nients.

Quarante années d'exil le mettent en contact avec tous
les peuples de l'Europe et toutes les classes de la société.
Avec quelle noble simplicité, quel affectueux intérêt, quel
désir de s'instruire, n'a-t-il point accueilli, écouté, inter-
rogé tant de milliers de personnes de tout rang que la
fidélité, le respect, et aussi la curiosité, ou même le secret
désir de trouver en défaut ont amené auprès de lui.

Aussi a-t-il pu dire en toute vérité : « J'ai employé les
longues années de mon exil à étudier sérieusement les
choses et les hommes... Si la Providence m'appelle au
trône, je prouverai, je l'espère, que je connais l'étendue et
la hauteur de mes devoirs [1].

Un simple coup-d'œil jeté sur ce qui a été publié de sa
correspondance [2] montre, qu'en effet, rien ne lui est étranger : ni hommes ni choses. »

Il écrit en 1841, à M de Villaret-Joyeuse ; « ... Je continue à m'occuper de marine et je relis les notes que nous
nous avons rédigées ensemble, afin de ne pas perdre les

1 Au duc de Noailles, 5 octobre 1848.
2 Genève, Grosset et Trembley, 1871.

connaissances que je dois à vos utiles enseignements. Si
la fortune me rappelle encore sur les mers, j'espère vous
avoir auprès de moi, et je n'oublie pas les promesses que
vous m'avez faites. »

Et en 1864, à M. Jonglez de Ligne :

« ... Aussi est-ce avec une attention particulière que
j'ai lu l'écrit que vous venez de publier sur la rade de cette
ville (Dunkerque), je me réjouis d'y voir exécuter toutes
les améliorations dont elle est susceptible, et qui, en rele-
vant encore l'importance de cette noble et antique cité, ne
peuvent manquer d'ajouter en même temps un nouveau
lustre à la puissance maritime comme à la prospérité
industrielle et commerciale de la France. »

Au général de Latour-Maubourg, en 1842 :

« ... J'ai eu un bien grand plaisir à revoir le général
(Foissac), à le conserver quelque temps auprès de moi, et
à prendre ses bons et utiles conseils. En visitant avec lui
les champs de bataille où vous avez si glorieusement com-
battu à la tête des corps d'armée que vous commandiez, je
me suis senti heureux et fier de penser que je compte
parmi les amis qui me sont restés fidèles des hommes
comme vous, qui ont versé leur sang pour la gloire de nos
armes et porté si haut le nom français. »

En 1842, il propose au général Vincent de l'accompa-
gner dans un voyage en Allemagne.

Et dans la seconde moitié de son exil il écrit au vicomte
de Saint-Priest : « ... Vous savez avec quel vif intérêt je
suis les événements de Crimée et toutes les phases de cette
guerre lointaine où nos soldats déploient tant d'héroïsme.
S'il a paru quelques relations bien faites de cette campagne
ou des plans des batailles de l'Alma et d'Inkermann, je
vous prie de me les envoyer. Joignez-y quelques détails
sur les généraux qui s'y sont le plus distingués et dont la
conduite en toute circonstance a été si remarquable. »

Sa perspicacité avait deviné aussitôt les vrais motifs de

cette guerre et ce que nous préparait l'alliance du Piémont. Il avait écrit le 3 mars 1855 au comte de Locmaria :

« ... A l'abri des préventions et de l'esprit de parti, vous jugerez les choses sainement, et vous vous affligerez comme nous, de voir nos braves soldats servir d'instrument à une politique toute personnelle. *N'est-il pas à craindre que ce ne soit là le commencement d'entreprises aventureuses où les véritables intérêts de la France ne seraient guère consultés?* »

Quand en 1860 il vit ces prévisions réalisées, il prophétisa de nouveau. « Il est triste, écrivait-il à M. Villemain, de voir la France servir ainsi d'instrument, contre sa conscience, son cœur, ses traditions, tous ses intérêts, à des *entreprises qui ne peuvent aboutir qu'à de nouveaux bouleversements.* »

Le prince se montre très réservé dans l'appréciation de la politique extérieure, et il en donne lui-même la raison : « Tant que je serai forcé de vivre sur la terre d'exil, il importe essentiellement au maintien de ma dignité et de mon indépendance personnelle, que je conserve la plus stricte neutralité, et que je reste constamment étranger à tout ce qui touche la politique des divers gouvernements. C'est la règle de conduite que j'ai adoptée ; je m'en suis bien trouvé jusqu'ici, et je crois qu'il y aurait imprudence et danger à s'en écarter[1]. »

Mais s'il se tait, il étudie :

« Vous savez déjà, M. le baron (De Havelt), l'importance que j'attache à tout ce qui concerne les intérêts catholiques et français dans l'Orient. Aussi les documents que je viens de recevoir me sont-ils bien précieux, et je vous remercie beaucoup de me les avoir envoyés. Je les lirai avec toute l'attention que mérite un pareil sujet.... » (1er décembre 1851.)

---

1 Au vicomte de Saint-Priest, 22 janvier 1848.

On ne peut tout citer, indiquer suffit, passons aux questions intérieures.

Et d'abord son ardent amour pour la patrie, et sa sollicitude pour tout ce qui peut contribuer à son bonheur :

« .... Quant à moi, dont la devise a toujours été : *Tout pour la France*, mon seul vœu, ma seule ambition, vous le savez, c'est de servir ma patrie, de me dévouer pour elle. Et ceux qui m'aideront à la sauver, à lui rendre repos, liberté, prospérité, grandeur ; ah ! ceux-là peuvent bien compter sur ma reconnaissance. Ils me trouveront toujours prêt à leur tendre la main de quelque côté qu'ils viennent. » (12 octobre 1848.)

Il travaille et sans cesse il excite ses amis à travailler avec lui :

« J'aime à voir les jeunes gens qui ont conservé comme vous leurs sentiments de fidélité et de dévouement, s'occuper des grandes questions qui intéressent l'avenir de la France et se préparer ainsi à se rendre utiles un jour. C'est là un bon exemple que vous donnez ; j'espère qu'il sera suivi [1].»

Et en 1849 : « .... Je vois avec plaisir nos amis s'occuper avec autant d'intelligence que d'activité de tout ce qui peut contribuer au salut et à la prospérité future de notre chère patrie....

»..... Quant aux graves questions que vous traitez particulièrement dans votre proposition à l'Assemblée législative et dans la note manuscrite qui était jointe à votre envoi, elles font l'objet continuel de mes pensées et de mes plus sérieuses méditations. Je serai heureux qu'une occasion se présentât de pouvoir m'entretenir de vive-voix avec vous de ces grands intérêts de l'avenir. Car mon vœu le plus ardent est de m'éclairer, afin d'être plus en état de travailler un jour efficacement, si la Providence m'y appelle, au bonheur et à la gloire de la France [2]. »

1 Au comte J. de Cosnac, septembre 1845.
2 A M. Raudot, député de l'Yonne.

Et pour en venir au détail, il s'occupe de l'agriculture :

Au comte de Turenne, 1844 : « C'est avec un bien grand plaisir que j'ai appris tous les efforts qui sont faits pour hâter les progrès de la culture en France, et surtout pour améliorer le sort de la classe agricole. Je ne cesserai de recommander à tous ceux qui sont restés fidèles à notre cause, d'habiter le plus possible leurs terres et de donner l'exemple de toutes les améliorations utiles. »

Au colonel d'Esclaibes, en 1844 : « M'occupant aussi par moi-même autant par goût que par devoir de tout ce qui se rattache à l'agriculture, cette source véritable des richesses des nations et du bien-être des classes laborieuses, j'éprouve un grand désir de vous voir et de m'entretenir avec vous.... Il ne sera d'ailleurs pas sans intérêt pour vous d'examiner l'état de la culture en Autriche. Nous visiterons ensemble les grands établissements que le gouvernement a fondés pour l'amélioration des chevaux..... »

En 1846 à M. *** : « .... J'ai particulièrement remarqué, dans le projet que vous m'avez soumis, les dispositions qui permettaient de fournir à bon marché, à la propriété et à l'agriculture, les capitaux qui leur seront nécessaires et qu'elles ne peuvent se procurer aujourd'hui qu'à des conditions ruineuses. Il existe, dans quelques parties de l'Allemagne que j'ai visitées, des institutions de crédit foncier qui ont déjà produit de très bons résultats et je crois qu'il serait possible de fonder avec avantage en France, par les moyens que vous vous proposez des établissements de ce genre. Ils contribueraient puissamment à dégrever la propriété foncière de cette masse énorme de créances hypothécaires qui pèse sur elle et nuit aux progrès de l'agriculture, véritable source de la richesse des nations. »

Il se préoccupe du commerce et de l'industrie nationale et tout particulièrement du sort que doit leur faire le traité de commerce :

« Je veux vous remercier moi-même, Monsieur, de

l'envoi de votre excellent écrit sur une grave question, récemment soulevée par un acte du pouvoir qui venait de jeter dans plusieurs branches importantes de l'industrie nationale et dans la condition des classes ouvrières une perturbation profonde.... [1] »

.... « Au nombre des questions qui doivent être soigneusement examinées, l'une des plus graves est celle qui touche aux rapports de la France et de l'étranger, par conséquent à la prospérité de l'industrie qui est devenue de nos jours un des principaux éléments de la puissance des nations. L'absence d'enquête sérieuse, jointe à la précipitation, avec laquelle a été conclu le dernier traité de commerce, prouve assez que pour le pouvoir ce n'était pas un but, mais seulement un moyen. Des transformations si radicales exigent beaucoup de temps, de suite et d'unités de vue, sans quoi elles amènent des perturbations et des souffrances, ce qui dans la circonstance présente ne pouvait manquer d'arriver. Mais puisque le fait accompli ne laisse plus la liberté de l'étude, il faudrait maintenant tenir compte surtout de l'opinion des hommes pratiques qui peuvent donner d'utiles conseils. Ainsi les efforts devraient se porter aujourd'hui sur les questions des transports qui, réduits à des prix modérés et raisonnables pourraient par de sages combinaisons où les droits acquis seraient respectés, rétablir entre l'industrie étrangère et la nôtre, l'équilibre qui n'existe pas et sans lequel la lutte est impossible. Le travail de M. Talabot offre, en particulier, sur ce point important des aperçus remarquables et de précieuses indications [2]. »

« Vous savez combien les grandes questions économiques d'où dépend le sort de notre agriculture et de notre commerce, et qui ont été tranchées si légèrement par le gouvernement, me préoccupent avec juste raison. Elles font

[1] A M. Casimir Périer. 1860.
[2] A M. de Montaigu, 1861.

l'objet des études de tous ceux qui ont à cœur le bien de leur patrie et le dernier et si remarquable discours de M. Thiers a montré où est le mal et indiqué les remèdes à y apporter [1].

Mais sa grande sollicitude est pour les classes ouvrières, il est porté vers elles, par son cœur de roi chrétien et de père, et il sait que les questions qui les concernent auront, de quelque manière qu'elles soient résolues, la plus grande action sur l'avenir de la société.

Dès 1844, il écrivait au vicomte du Bouchage :

« ..... Je regarde comme un devoir d'étudier dès à-présent, tout ce qui se rattache à l'organisation du travail et à l'amélioration du sort des classes laborieuses. Quels que soient les desseins de la Providence sur moi, je n'oublierai jamais que le grand roi Henri IV, mon aïeul, a laissé à tous ses descendants l'exemple et le devoir d'aimer le peuple. »

En 1849, au comte d'Argy :

« J'ai reçu votre lettre et le travail dont elle était accompagnée. Je les ai lus avec beaucoup d'attention et d'intérêt. Sans cesse occupé des grandes questions qui ont pour objet d'améliorer le sort des classes laborieuses et indigentes, je vois avec plaisir mes amis prendre l'initiative de tout ce qui peut amener à cet égard d'heureux résultats. J'approuve donc votre plan, et je souhaiterais qu'il fut possible d'établir, dans tous les départements, des associations semblables. Dites à MM. Leroux et Oson, combien je suis touché des soins qu'ils se donnent pour vous seconder dans l'accomplissement d'une œuvre si utile. »

La même année, au marquis de Bausset :

« Je veux vous remercier moi-même de la lettre que vous m'avez écrite et de l'excellent ouvrage que vous venez de m'envoyer. Je l'ai lu avec d'autant plus d'atten-

---

1 Au marquis de Franchier, 1868.

tion et d'intérêt, que les questions que vous traitez, questions
de vie et d'avenir pour la France, font le sujet constant de
mes études et de mes sérieuses réflexions. Rappeler à tous
que les droits ne peuvent naître que de l'accomplissement
des devoirs ; que le seul moyen de combattre efficacement
le paupérisme et les doctrines pernicieuses qui le rendent
plus dangereux encore, est de travailler sans relâche à
l'amélioration à la fois religieuse, intellectuelle, morale et
matérielle des classes malheureuses ; telle est la mission
que vous vous êtes donnée. Je vous félicite de la manière
dont vous l'avez remplie et j'espère que vos nobles efforts
ne seront pas sans utilité. »

A M. Benoit d'Azy :

« J'ai reçu votre lettre et le remarquable rapport dont elle
était accompagnée. C'est comme vous le dites si bien, en reve-
nant aux vrais principes de la charité chrétienne, c'est en
ranimant au sein des classes pauvres cet esprit de famille qui
tend à s'éteindre, que l'on peut arriver enfin à la solution
du grand problème qui préoccupe aujourd'hui avec tant
de raison, tous les bons esprits et tous les cœurs généreux.
Pour moi, toujours attentif à tout ce qui peut assurer
l'avenir du pays, je suis charmé de voir mes amis prendre
en main la cause des malheureux et chercher tous les
moyens d'améliorer leur sort, sans les flatter cependant
d'espérances trompeuses. »

C'est en conformité avec ces principes que nous le
voyons, en 1846, encourager les commencements de
l'œuvre de Saint-François-Régis, et à différentes époques
la fondation des différentes œuvres ou associations inspi-
rées par l'amour des ouvriers et des pauvres et pour l'amélioration de leur état matériel ou moral.

Passons aux questions politiques. Aujourd'hui elles se
résument toutes en un mot : la liberté.

Or, Monseigneur le comte de Chambord veut la liberté
des familles relativement à l'éducation de leurs enfants :

« Je m'associe également à la lutte persévérante et

4.

courageuse des catholiques de tous les partis en faveur de la liberté d'enseignement, qui ne devrait avoir d'autres limites que l'autorité tutélaire, dont un sage gouvernement ne saurait se départir dans l'intérêt de la société [1]. »

Et en 1865 : « Qui ne reconnait qu'un des plus sûrs moyens de remédier aux maux présents de la France, et de lui préparer un meilleur avenir, c'est de pourvoir à l'éducation religieuse et morale de la jeunesse; sur laquelle reposent les plus chères espérances de la patrie? La famille et l'Etat ont un égal intérêt à ce que l'éducation à tous les degrés jouisse pleinement de l'indépendance qui lui est nécessaire pour former dans tous les rangs de la société d'honnêtes gens, des Français dévoués, de vrais chrétiens. Mais il n'y a que la liberté qui puisse produire ces heureux résultats. Or, pour l'enseignement supérieur la liberté n'existe pas. Pour l'enseignement secondaire elle est amoindrie et menacée. Pour l'enseignement primaire elle tend chaque jour à disparaitre tout-à-fait. Il est donc essentiel de la constituer, de la pratiquer, de la défendre partout. »

Il veut la liberté des communes et des provinces, en d'autres termes la décentralisation.

On sait que cette question de la décentralisation est sienne, qu'elle est née de son initiative, que ce sont ses amis qui ont attiré sur elle l'attention du public français, l'ont fait étudier, en ont fait désirer et demander la solution. Et aujourd'hui, que cette question se débat à l'Assemblée nationale, à l'occasion de la loi sur les Conseils généraux, on peut voir de quel côté sont les vrais amis de la liberté; du côté de ceux qui veulent s'en faire un mot de passe pour arriver au despotisme, ou du côté de ceux qui la veulent aujourd'hui dans les lois, pour qu'elle soit au plus tôt dans les mœurs. Henri V connait assez l'histoire de France pour savoir qu'en donnant aux provinces et aux

1 Au vicomte de Saint-Priest, 1848.

communes la liberté qui leur convient, il ne fera que suivre les traditions de sa race et rendre impossible les retours de la révolution, en brisant le mécanisme au moyen duquel elle se maintient depuis un siècle sous tous les gouvernements.

Toutes ces études menées pendant trente années par le prince, de concert avec ses amis, furent couronnées par les fameuses lettres sur l'Algérie, la décentralisation et l'enseignement (30 janvier 1865). Lettre sur les ouvriers (20 avril 1865). Lettre sur l'enquête agricole (mars 1866 et Lettre sur l'agriculture (même année) par lesquelles il priait tous ceux qui s'étaient associés jusque là à ses travaux, de formuler et de lui donner leurs dernières conclusions sur tous ces importants objets.

Je dois encore faire quelques citations qui montreront comment il envisage ses droits et comment il entend régner en France.

Il disait en 1844 : « Je regarde les droits que je tiens de de ma naissance comme appartenant à la France, et bien loin qu'ils puissent devenir, dans un intérêt personnel, une occasion de troubles ou de malheurs pour elle, je ne veux jamais remettre le pied en France, que lorsque ma présence sera utile à son bonheur ou à sa gloire. »

Sa vie n'a été qu'un long commentaire de cette parole. Aussi a-t-il pu dire le 9 octobre 1870, à la face du monde : « Durant les longues années d'un exil immérité, je n'ai pas permis un seul jour que mon nom fut une cause de division et de trouble, mais aujourd'hui qu'il peut être un gage de conciliation et de sécurité, je n'hésite pas à dire à mon pays que je suis prêt à me dévouer à son bonheur. »

Enfin, il ne veut régner en France qu'avec l'adhésion et le concours de tous les vrais Français :

« Je l'ai dit et je le répète, si jamais la Providence m'ouvre les portes de la France, je ne veux pas être le roi d'une classe ni d'un parti, mais le roi de tous [1]. »

1 Au général Donnadine, 1844.

«Aussi le plus beau jour de ma vie sera celui où je pourrai voir tous les Français, après tant de dissentiments et de rivalités funestes, rapprochés par les liens d'une confiance réciproque et d'une véritable fraternité; la famille royale réunie autour de son chef dans les mêmes sentiments de respect pour tous les droits, de fidélité à tous les devoirs, d'amour et de généreux dévouement pour la patrie ; enfin, la France entière, pacifiée par la réconciliation de tous ses enfants, donner au monde le spectacle d'une concorde universelle, sincère, inaltérable, qui lui promette encore de longs siècles de gloire et de prospérité [1]. »

Au même, en 1850 : « ... Aussi me suis-je constamment efforcé de prouver par mes paroles comme par ma conduite que, si la Providence m'appelle un jour à régner, je ne serai pas le roi d'une seule classe, mais le roi ou plutôt le père de tous. Partout et toujours je me suis montré accessible à tous les Français sans distinction de classes et de conditions. Je les ai tous vus, tous écoutés, tous admis à se presser autour de moi. Vous en avez été vous même le témoin. Comment, après cela, pourrait-on encore me soupçonner de ne vouloir être que le roi d'une caste privilégiée, ou, pour employer les termes dont on se sert, le roi de l'ancien régime, de l'ancienne cour? J'ai toujours cru, et je suis heureux de me trouver ici d'accord avec les meilleurs esprits, que désormais la cour ne peut plus être ce qu'elle était autrefois.

» J'ai toujours cru également qu'il faut que toutes les classes de la nation s'unissent pour travailler de concert au salut commun, y contribuant les unes par leur expérience des affaires, les autres par l'utile influence qu'elles doivent à leur position sociale. *Il faut que toutes soient engagées dans cette lutte du bien contre le mal;* que toutes y apportent le concours de leur zèle et de leur active coopération, que toutes y prennent leur part de responsa-

---

[1] Au duc de Noailles, août 1848.

bilité, afin d'aider loyalement et efficacement le pouvoir à fonder un gouvernement qui ait tous les moyens de remplir sa haute mission et qui soit durable. Toujours aussi j'ai eu l'intime conviction qu'il n'y a que la monarchie restaurée sur la base du droit héréditaire et traditionnel, qui répondant à tous les besoins de la société, telle que l'ont faite les événements accomplis depuis plus d'un demi siècle, puisse concilier tous les intérêts, sauvegarder tous les droits acquis, et mettre la France en pleine et irrévocable possession de toutes les sages libertés qui lui sont nécessaires. »

Il faut résister au charme de ces citations et renvoyer au recueil, l'homme s'y montre tout entier, et le même de la première page à la dernière, de 1841 à 1871 ; il s'y montre non avec les apprêts d'un personnage qui pose devant le public, mais dans la spontanéité des confidences faites au cœur de l'ami.

La France en se donnant à son roi n'ira donc point à l'inconnu, comme elle y est allée tant de fois depuis un siècle.

Elle ira au principe qui a fait son histoire, sa constitution, sa vocation et sa vie.

Elle ira à l'homme qui la connait le mieux, elle et ses besoins, qui l'aime le plus ardemment, qui a le plus de moyens de la sauver.

Elle ira à l'âme la plus noble et au caractère le plus loyal et le plus chevaleresque qui se puisse trouver.

« Messieurs, disait-il, à la députation qui venait lui proposer d'adopter le drapeau tricolore, Messieurs, je suis Français ! Je ne me présenterai à la France que de face jamais de profil. »

Lille, imp. Lefebvre-Ducrocq.

www.ingramcontent.com/pod-product-compliance
Lightning Source LLC
Chambersburg PA
CBHW070912210326
41521CB00010B/2153